Bouge avec Galette!

Lina Rousseau • Marie-Claude Favreau

Dominique et compagnie

Aujourd'hui,
Galette explique à ses amis
les règles du jeu
« Jean dit... »

Arrêtez de jacasser !
Voici les consignes à respecter.

Chaque fois que vous entendrez
«Jean dit...», vous devrez bouger.

Si ces mots ne sont pas prononcés,
restez immobiles ou vous êtes éliminés !

Attention ! Il faut bien vous concentrer !

À vos marques! **Prêts?** Écoutez!

Jean dit : marche comme un chimpanzé et crie **hou! ha! ha!** sans ricaner.

Jean dit : sautille sur un pied
et fais de drôles de simagrées !

Jean dit : joue du ukulélé
et chante comme la cigale en été !

Jean dit : jongle avec **3** dés
sans oublier de sauter !

Bondis comme une grenouille
et attrape la mouche tsé-tsé !

Oh ! Melon et Flocon se sont trompés !
Tous les deux, vous êtes retirés !

Jean dit : fais une révérence
à Sa Majesté...

et affronte les pirates avec ton épée!

Jean dit : bouche tes **2** oreilles
puis chatouille tes **10** orteils !

Jean dit : sens les giroflées
et éternue comme un éléphant enrhumé!

Lance le ballon de côté
et tombe sur tes fesses comme un bébé!

Hé! Tu es retirée!
«Oh, non!» s'écrie Tartine, désappointée.

Que s'est-il passé? C'est déjà terminé?
Mais qui a gagné?

C'est Fripon le Champion !
Il mérite une belle chanson...

C'est un B, un R, un A,
c'est un V avec un O...

Rassemblez toutes ces lettres et vous trouverez BRAVO! Bravo, Fripon!

À toi de jouer !

- Quelle partie de ton corps utilises-tu pour courir ?

- Quelles activités peux-tu faire avec les mains ?

- Nomme des jeux qui te font bouger.